LA ESTATUA DE LA LIBERTAD

SÍMBOLOS AMERICANOS

Lynda Sorensen
Español: Argentina Palacios

The Rourke Book Company, Inc.
Vero Beach, Florida 32964

CRÉDITOS FOTOGRÁFICOS:
Todas las fotos por cortesía del National Parks Service (páginas 4 y
17 fotos de Brian Feeney; página 8, foto de Richard Frear)

Library of Congress Cataloging-in-Publication Data

Sorensen, Lynda, 1953–
 [Statue of Liberty. Spanish]
 La Estatua de la Libertad / Lynda Sorensen : español, Argentina
Palacios
  p. cm. — (Símbolos americanos)
 Incluye índice
 ISBN 1-55916-067-5
 1. Estatua de la Libertad (Nueva York, N.Y.)—Literatura juvenil.
2. Monumento Nacional de la Estatua de la Libertad (Nueva York,
N.Y.)—Literatura juvenil. 3. Nueva York, (N.Y.)—Edificios,
estructuras, etc.—Literatura juvenil. I. Título II. Series:
F128.64.L64S6518 1994
974.7'1—dc20   94-20735
                                                         CIP
Printed in the USA   AC

ÍNDICE DE CONTENIDO

LA ESTATUA DE LA LIBERTAD

Una alta dama de metal se alza majestuosa en el puerto de Nueva York. Aunque su nombre oficial es la *Libertad ilustrando el mundo*, es más conocida como la *Estatua de la Libertad* y, desde hace más de 100 años, es un símbolo de libertad en América.

En la mano derecha, la Libertad sostiene una lámpara que da la bienvenida. En la izquierda tiene un libro de leyes fechado 4 de Julio de 1776, el día que unos cuantos audaces americanos firmaron la Declaración de Independencia de Inglaterra.

La Estatua de la Libertad sostiene en la mano derecha una antorcha que da la bienvenida

UN REGALO DE FRANCIA

El profesor Edouard de La boulaye sugirió que su país, Francia, regalara una gran estatua a los Estados Unidos. Los franceses sentían un lazo de amistad con los Estados Unidos porque ellos, como los americanos, eran libres desde finales del siglo XVIII.

La estatua fue el regalo para celebrar el centenario de los Estados Unidos en 1886.

El escultor francés Frederic Auguste Bartholdi creó la "piel" de cobre de la estatua. Alexandre Gustave Eiffel, el constructor de la famosa torre Eiffel, construyó el "esqueleto" de acero.

La Estatua de la Libertad fue un regalo de Francia a los Estados Unidos

LA ESTATUA CRUZA EL MAR

Bartholdi completó la Estatua de la Libertad en París, Francia, en 1884. Todos los pedazos se marcaron y desmantelaron para el viaje a los Estados Unidos. La piel de cobre y la armazón de hierro cruzaron el Atlántico y llegaron a Nueva York en 214 cajas.

La estatua se reconstruyó y se colocó en un alto **pedestal**, o plataforma, de concreto y granito. Se celebró el final de la obra con una ceremonia el 28 de octubre de 1886.

La Estatua de la Libertad se alza sobre un pedestal en Liberty Island, en la ciudad de Nueva York

LA DAMA LARGA Y ALTA

La altura de la Estatua de la Libertad es de 305 pies desde el pedestal hasta la antorcha, el alto aproximado de un edificio de 23 pisos o la extensión de un campo de fútbol americano. Junto con el pedestal, ésta es la estatua más alta del mundo.

El brazo derecho de la Libertad alcanza 42 pies. Sólo la nariz tiene cuatro pies, seis pulgadas de largo. ¡Ni Pinocho!

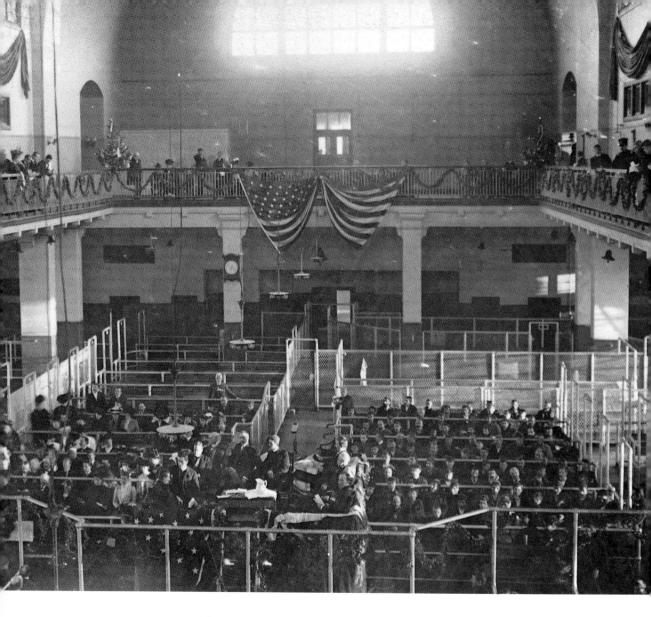

*Inspección de inmigrantes en la estación de inmigración
de Ellis Island a principios del siglo XX*

Entrada al Museo de Inmigración, Ellis Island

LA REINA DE LA ELLIS ISLAND

Después de terminada la Estatua de la Libertad, llegaron a Nueva York millones de inmigrantes, es decir, personas que se fueron de su país a vivir en otro.

Los inmigrantes llegaban a Nueva York por barco y de allí iban a una estación en Ellis Island, una isla a menos de media milla de Liberty Island.

Al acercarse a su nueva patria, casi lo primero que veían los inmigrantes era la imponente Estatua de la Libertad. Para muchos, la estatua se convirtió en un símbolo de libertad para toda la vida.

14 *Los inmigrantes iban a una estación de procesamiento en Ellis Island, a poca distancia de la Estatua de la Libertad*

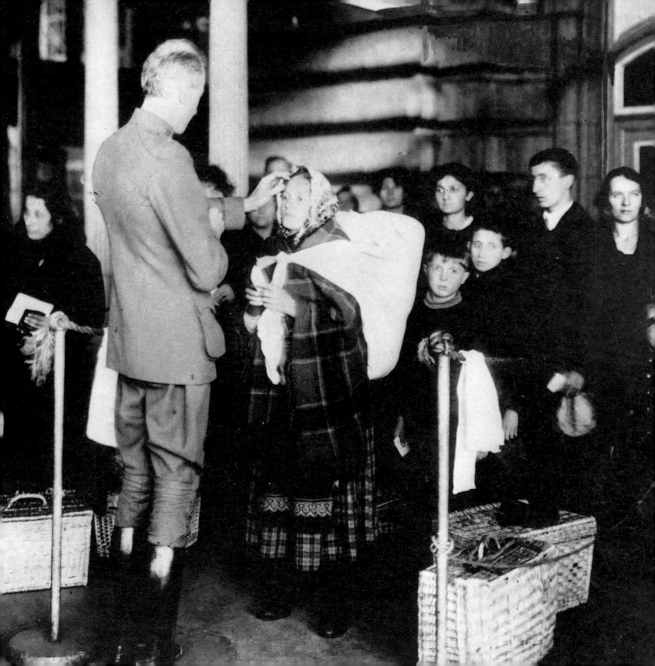

UN MONUMENTO NACIONAL

La Estatua de la Libertad se convirtió en monumento nacional en 1924. Los monumentos nacionales son lugares o estructuras de importancia natural o valor histórico. Los protege y los mantiene el National Parks Service, o sea, el Servicio Nacional de Parques de los Estados Unidos.

La Estatua de la Libertad y la antigua estación de inmigración de Ellis Island forman el Monumento Nacional de la Estatua de la Libertad, el cual incluye también el Museo Americano de Inmigración, en la base de la estatua.

La antigua estación de inmigración en Ellis Island es parte del Monumento Nacional de la Estatua de la Libertad

LA DAMA SE BAÑA

Con casi 100 años de existencia, la Estatua de la Libertad empezó a mostrar su edad y por eso el Servicio Nacional de Parques empezó a limpiarla y repararla en 1983. El dinero para el proyecto fue recaudado entre el pueblo francés y el estadounidense.

Limpiaron la piel de cobre de la estatua por dentro y por fuera. Reconstruyeron la plataforma de observación y la corona.

Para su centenario, el 4 de julio de 1986, la estatua envejeciente ya no mostraba su edad.

Para su centenario, el 4 de julio de 1986, la Estatua de la Libertad estaba rejuvenecida

19

VISITAS A LA ESTATUA DE LA LIBERTAD

Varios millones de personas visitan la Estatua de la Libertad todos los años. Para ir allá hay que hacer un viaje de una milla y media desde la ciudad de Nueva York en un barco de transbordo.

Un ascensor y una larga escalera van por el pedestal. Quienes continúan hacia la estatua misma tienen que subir una escalera de 142 escalones hasta el observatorio en la corona de la Libertad. Cuando el día está claro, la vista de la ciudad de Nueva York es estupenda.

Observatorio situado en la corona de la Libertad

UN SÍMBOLO DE LIBERTAD

A los pies de la Estatua de la Libertad se encuentra una cadena rota, la cual representa el derecho de las personas a ser libres, no encadenadas.

La estatua en el puerto tiene un significado especial para millones de inmigrantes que llegaron a Estados Unidos por la esperanza que les dio. Y a millones de ciudadanos americanos que regresan de otros países, la Estatua de la Libertad también les da la bienvenida a su regreso a la patria.

Glosario

escultor—un artista que modela, talla o esculpe

inmigrantes—personas que se van a vivir de un país a otro

libertad—condición de no estar preso, esclavo, sometido

pedestal—plataforma o base sobre la cual se coloca algo, como una estatua

símbolo—algo que representa otra cosa, como la bandera representa un país

ÍNDICE